CONTRIBUTION A L'ÉTUDE

DES

INJECTIONS DE CHLORURE DE ZINC

DANS LES

CAVITÉS KYSTIQUES

PAR

Jacques TAVENAUX

DOCTEUR EN MÉDECINE DE LA FACULTÉ DE PARIS

Médecin stagiaire au Val-de-Grâce

Ancien externe des Hôpitaux (année 1880)

PARIS

PICHON JEUNE

3, Place Saint-Michel

1880

CONTRIBUTION A L'ÉTUDE

DES

INJECTIONS DE CHLORURE DE ZINC

DANS LES

CAVITÉS KYSTIQUES

PAR

Jacques TAVENAUX

DOCTEUR EN MÉDECINE DE LA FACULTÉ DE PARIS

Médecin stagiaire au Val-de-Grâce

Ancien externe des Hôpitaux (année 1880).

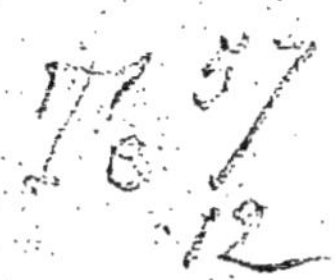

PARIS

PICHON JEUNE

3, Place Saint-Michel

1880

A LA MÉMOIRE DE MES GRANDS PARENTS

A MON GRAND-PÈRE PATERNEL

J. TAVENAUX-ROGUIN

A MON PÈRE, A MA MÈRE

Témoignage de reconnaissance filiale.

A MES PARENTS, A MES AMIS

A LA FAMILLE GUILLAUME-BRINCOURT

D'HARAUCOURT

A M. JEAN-BAPTISTE BRINCOURT

A M. LE GÉNÉRAL BRINCOURT

A M. G. BERNUTZ

DE L'ACADÉMIE DE MÉDECINE

Mon maître dans les hôpitaux (année 1879-1880).

A MON PRÉSIDENT DE THÈSE

M. LE PROFESSEUR GOSSELIN

Commandeur de la Légion d'honneur,
Membre de l'Académie de médecine.

CONTRIBUTION A L'ÉTUDE

DES

INJECTIONS DE CHLORURE DE ZINC

DANS LES

CAVITÉS KYSTIQUES

AVANT-PROPOS

La question des caustiques est une bien grave question. Elle a préoccupé dans tous les temps les plus grands praticiens. Les nombreux écrits auxquels elle a donné naissance le témoignent hautement. Depuis les temps les plus reculés de la médecine expérimentale jusqu'à nos jours ; depuis Costœus, Sévérin et Percy, jusqu'à Hoppe et Philippeaux, la cautérisation a été à l'ordre du jour. Et dans ces dernières années, tous les efforts ont été tentés pour ériger la cautérisation en *méthode générale de traitement des affections chirurgicales.* Parmi les agents de la cautérisation, le chlorure de zinc a été l'objet de la sollicitude des grands maîtres de la chirurgie française. Nous ne ferons

Tavenaux   2

que citer Canquoin (1), Bonnet (2), Girouard (3), Maisonneuve (4), M. Th. Anger (5), M. Richet (6) qui ont
fait du chlorure de zinc, leur caustique, je dirai presque
favori. Je ne veux pas passer en revue les divers agents
caustiques tour à tour préconisés et tombés en oubli, non,
ce serait au-dessus de mes forces. Mon but est plus modeste, j'étudierai seulement le chlorure de zinc plutôt au
point de vue chimique qu'au point de vue purement caustique. J'attirerai l'attention à propos de son action sur les
albuminoïdes et sur les différents liquides kystiques. Je
ferai entrer avec Ferrand (7), Luton (8) le chlorure de
zinc parmi les caustiques agissant chimiquement.

Tout effort sincère est digne de respect, tout effort doit
avoir un but, je serai heureux et récompensé si je puis
avoir contribué à élucider tant soit peu l'étude dont j'ai
fait l'objet de cet ouvrage.

Je prie tous mes professeurs de la Faculté, tous mes
maîtres dans les hôpitaux de recevoir mes plus vifs remer-

1. Canquoin. *Traitement du cancer par le chlorure de zinc.*
Paris, 1838.

2. Bonnet. *Mémoires divers sur la cautérisation et les caustiques.*
Arch. de Méd., 1839 et 1844; *Gaz. méd.*, 1843; *Bull. thérap.*, 1847.

3. Girouard. *Études sur l'action du caustique de Vienne et du*
chlorure de zinc. Revue médico-chirurg. de Paris, 1854.

4. Maisonneuve. *Bulletins de la soc. de chir.*, 1857.

5. M. **T.** Anger. *De la cautérisation dans le traitement des ma-*
ladies chirurgicales. Paris 1869.

6. M. Richet. *Des injections interstitielles de chlorure de zinc.*
Gaz. des Hôp. (juil. 1869).

7. Ferrand. *Des caustiques au point de vue chimique*; Lyon, 1855.

8. Luton. *Injections de substances irritantes. Arch. de méd.*,
1867, octobre.

ciements pour l'excellent enseignement et les bons conseils qu'ils n'ont cessé de me prodiguer pendant mes études. Que mon savant maître et compatriote M. G. Bernutz reçoive ici l'expression de ma profonde reconnaissance. Je prie aussi M. T. Anger dont le remarquable ouvrage (*de la cautérisation dans le traitement des maladies chirurgicales*) a contribué à m'inspirer l'idée de ce travail, d'agréer mes remerciements pour les bons conseils qu'il m'a donnés.

Je remercie vivement M. le professeur Gosselin pour l'honneur qu'il me fait en acceptant la présidence de cet ouvrage.

PLAN

Voici le plan que j'ai adopté :

Dans le premier chapitre, je ferai l'historique de la question.

Dans le second chapitre, j'exposerai l'action du chlorure de zinc sur les tissus normaux.

Le troisième sera réservé à l'étude des actions de ce sel sur les liquides pathologiques, sur les parois des cavités qui renferment ces liquides et enfin sur l'état général.

Le quatrième à la comparaison entre les injections in-terstitielles et épidermiques du chlorure de zinc et les injections de ce sel dans des cavités closes.

Le cinquième comprendra les observations et le manuel opératoire.

Le sixième et dernier renfermera les conclusions.

———

CHAPITRE PREMIER

Les applications chirurgicales du chlorure de zinc sont récentes ; elles datent du commencement de ce siècle, si fécond pour la chirurgie. L'histoire de ce sel de zinc est donc aussi toute nouvelle et pourtant elle a eu des périodes tour à tour actives et agitées, calmes et silencieuses. Il suffit de parcourir les écrits des illustres chirurgiens pour s'assurer que le chlorure de zinc a été tantôt préconisé, tantôt battu en brèche pour retomber ensuite dans l'oubli. Encore de nos jours, la question d'opportunité, ou pour mieux dire, le mode d'action des injections de chlorure de zinc n'est pas encore élucidé. Tous les avis ne sont pas encore rangés d'un même côté.

En 1824, à Breslau, un fameux praticien, Hancke, fit la découverte chirurgicale du chlorure de zinc, et l'employa à l'état solide comme caustique des plus énergiques. Canquoin, en 1834, c'est-à-dire dix ans après les applications de Hancke, employa le premier ce sel de zinc à la guérison, sans opération chirurgicale, du cancer du sein. Pourtant, Canquoin (1), dans la préface de son livre, revendique le mérite de la découverte chirurgicale du chlorure de zinc. Hancke l'employa d'abord pour les cautérisations superfi-

____

1. Canquoin, *loco citato*.

cielles, pustules malignes, ulcères syphilitiques, *nœvi materni* ; puis, Canquoin, comme on vient de le voir, pour le traitement du cancer du sein. Plus tard, Bonnet en fit un usage plus étendu, il adapta le chlorure de zinc à presque toutes les tumeurs. Mais ce fut toujours à l'état solide que l'employèrent ces praticiens ; Canquoin fabriquait la pâte à laquelle il a laissé son nom ; Maisonneuve l'employait sous forme de flèches ; Maunoury faisait préparer son caustique à la gutta-percha. Dans ces différents modes d'emploi le chlorure de zinc servait de caustique ; mais, avant de s'en servir, on prenait le soin de détruire l'épiderme à l'aide du caustique de Vienne ; ou bien, à la façon de Maisonneuve, pour le faire pénétrer encore plus profondément au milieu des tissus, on faisait d'abord une ponction avec un bistouri long et étroit, et la flèche était enfoncée d'autorité dans ce trajet tout préparé à l'avance. Il est facile de comprendre que cet emploi du chlorure de zinc nécessitant avant tout la destruction de l'épiderme par un moyen quelconque, présentait des inconvénients sérieux au point de vue pratique.

Ce fut là sans doute, une des principales raisons pour laquelle la pâte de Canquoin, les cylindres en gutta-percha de Maunoury tombèrent dans l'oubli jusqu'au moment où, en 1866, Duplouy de Rochefort, en homme pratique, résolut de modifier le manuel opératoire du chlorure de zinc. A cet effet, il imagina de pratiquer des injections interstitielles d'une solution de ce sel de zinc dans un énorme goître polycystique que M. le professeur Richet n'avait pas voulu opérer. Dès lors commence une ère nouvelle pour le chlorure de zinc, c'est une ère d'activité. Un nouveau mode d'application, très pratique, en est la cause directe : on était parvenu à porter d'emblée le caustique au sein même des tissus sur lesquels le chirurgien voulait opérer.

En juillet 1869, dit la *Gazette des Hôpitaux*, M. Richet mit à l'essai un nouveau procédé de cautérisation pour la destruction des tumeurs, la cautérisation interstitielle. Les premiers essais de M. Richet datent d'un an. Il était alors à la Pitié, et, se souvenant des résultats que Bérard avait obtenu par les injections sous-cutanées (sels mercuriels) des caustiques dans les tumeurs vasculaires érectiles, il eut la pensée d'employer des injections de même nature contre toute espèce de tumeur.

Bérard, se servant de sels mercuriels, avait eu des accidents ; M. Richet voulut essayer des caustiques qui, très énergiques localement pour modifier les tissus, le fussent peu pour produire un empoisonnement. Il choisit de préférence le chlorure de zinc.

Ainsi, en 1866, première tentative d'injection de chlorure de zinc par Duplouy pour des tumeurs solides ; tentative heureusement continuée et vulgarisée par M. Richet deux ans après, c'est-à-dire en 1868, le sel de zinc devant dans l'esprit du chirurgien, alors à la Pitié, agir comme caustique. M. le professeur Richet employait le chlorure de zinc contre des tumeurs solides, comme l'avait fait auparavant Duplouy. Mais l'employer pour faciliter la résorption contre des tumeurs liquides, telles que la grenouillette, l'hématocèle, les kystes ovariques, l'hygroma, etc., etc., ou contre du sang épanché (hématome), et à divers degrés de transformation, faire agir dans ce sens le chlorure de zinc en injection dans des cavités closes, trouver un manuel opératoire simple et facile pour mettre ces cavités et leur contenu à l'abri de l'air extérieur, voilà ce qui était réservé à M. T. Anger.

Luton, en France, Broabdent, Simpson, Nusslaum, en Angleterre en 1867 avaient déjà proposé d'injecter des solutions caustiques dans les tumeurs, non comme *agents destructeurs, mais comme agents modificateurs de la nutrition*. Leurs procédés, dit M. T. Anger, ne sauraient être considérés comme constituant une véritable cautérisation qui n'était, du reste, nullement dans la pensée de chacun d'eux.

Déjà, en 1864, Nélaton fit expérimenter sur les animaux les différents caustiques, surtout la potasse, l'acide sulfurique de Nordhausen et le chlorure de zinc. Nul doute qu'il voulait étudier leurs différentes manières d'agir sur l'économie.

Ce fut en novembre 1868 que M. T. Anger commença ses expériences sur les divers caustiques. Rien de spécial, rien de caractéristique dans leurs propriétés cautérisantes, si ce n'est l'innocuité des injections sous-cutanées, quel qu'ait été le caustique employé, potasse, acide sulfurique, chlorure de zinc. Mais, eu égard aux effets de ces différents caustiques, à leur mode d'action, M. T. Anger reconnaît au chlorure de zinc des propriétés particulières, *sui generis*. Il s'attache volontiers à l'étude des effets du sel de zinc, parce que, effectivement, il n'agit pas uniquement comme caustique, mais comme un puissant modificateur des vitalités organiques. De là cette espèce de proposition que nous relevons dans la *Revue de Hayem*, t. VII, année 1876 :

« M. T. Anger a cherché à faire disparaître une difficulté que la pratique avait révélée depuis longtemps dans

« le traitement des kystes à contenu muqueux. En effet,
« les substances irritantes, employées sous forme d'injec-
« tions, échouent le plus souvent contre la résistance que
« le liquide visqueux, auquel on les mélange, oppose à
« leur diffusion. De là les méthodes les plus radicales :
« ouverture du kyste, cautérisation à ciel ouvert, etc....

« Pousser l'irritation de la paroi assez loin pour la modi-
« fier profondément, en écarter les chances de récidive,
« mais pas assez pour provoquer la formation du pus :
« faire concourir à la résorption du contenu les modifica-
« tions chimiques que son mélange avec le chlorure de
« zinc doit forcément y apporter, tel est le but que s'est
« proposé M. Anger par l'emploi du chlorure de zinc. »

Pour M. Richet, le chlorure de zinc en solution agit
comme caustique.

Pour M. T. Anger, ce même sel agit comme profond
modificateur des vitalités organiques et de la nutrition. De
plus, ce chirurgien ne s'en est pas servi exclusivement
contre les tumeurs solides, mais volontiers pour faciliter la
résorption des liquides épanchés dans des cavités naturelles
ou accidentelles. A ce point de vue, M. T. Anger peut à
bon droit revendiquer pour lui la priorité du mode d'emploi
des injections de chlorure de zinc dans le traitement des
hygromas, des grenouillettes, des hématocèles, des kystes
ovariques, etc., etc.

Ainsi donc pour poser la question sous sa véritable face,
je vais examiner : 1° quels sont les phénomènes chimiques
qui s'opèrent lorsqu'on injecte du chlorure de zinc dans les
tissus normaux et pathologiques. Cette première partie sera
rapidement examinée pour étudier plus longuement com-

ment se comporte le chlorure de zinc en présence du sang, des liquides de l'hématocèle, de la grenouillette, des kystes de l'ovaire. Le principal but de mon modeste travail est de faire voir que ce sel de zinc agit surtout en vertu de phénomènes chimiques, grâce au dédoublement qui s'opère entre lui et les principes albuminoïdes et les différents liquides séreux. Que M. Bourquelot, pharmacien en chef des cliniques d'accouchements, reçoive ici l'expression de ma reconnaissance pour les bons conseils et l'appui qu'il m'a donnés ;

2° J'exposerai enfin les principales observations venant à l'appui de mes propositions et plaidant en faveur de l'emploi des injections de chlorure de zinc.

CHAPITRE II

DU CHLORURE DE ZINC EN PRÉSENCE DES TISSUS NORMAUX

Les travaux de Miahle (1), les expériences de Ferrand (2) faites, la plupart, sur le cadavre, ont peu con-
couru à faire connaître l'action chimique exercée par le
chlorure de zinc sur les tissus organiques.

Il faut arriver jusqu'à Bryck (3) pour se faire une bonne
idée de cette action des chlorures, en particulier du chlorure de zinc, sur nos tissus. Aussi dans ce qui suit, lui
ai-je emprunté une grande partie des faits que je vais exposer. L'excellente thèse de M. T. Anger et les nombreu-
ses expériences qu'il a faites sur les chiens me viendront
également en aide.

Tous les caustiques attaquent et anéantissent la composition chimique normale des éléments anatomiques. Tous
les chlorures, et le chlorure de zinc en particulier,

1. Miahle. *Chimie appliquée à la physiologie et à la thérapeutique.*

2. Ferrand. *Des caustiques au point de vue chimique.* Lyon,
1855.

3. Bryck. Archiv. de Virchow, 1860, t. XVIII, p. 377. *Mémoire
sur l'action des chlorures sur les tissus.*

coagulent rapidement le sérum du sang. Ce sel de zinc est le type par excellence des caustiques coagulants. Que se passe-t-il dans ce phénomène de la coagulation ? Y a-t-il, comme le croit Winsback, une combinaison incontestable et en proportions définies entre le chlorure de zinc et l'albumine du sang ? Ce qui tend à le prouver, c'est que le coagulum, jeté sur un filtre, ne laisse passer le chlorure de zinc qu'après précipitation de l'albumine.

M. Bourquelot et moi avons essayé de voir si cette dernière assertion pouvait s'appliquer à l'action du chlorure de zinc sur l'albumine. Pour cela, nous prenons un blanc d'œuf que nous diluons dans trois à quatre fois son volume d'eau distillée. Nous versons ensuite dans ce mélange une quantité de chlorure de zinc en solution telle qu'il y ait un excès de ce sel. L'albumine se trouble immédiatement et se transforme en un liquide visqueux et blanchâtre. Le tout est filtré. Nous examinons ensuite, après avoir neutralisé la liqueur par l'ammoniaque, en versant un peu de sulfhydrate d'ammoniaque, si le chlorure de zinc était entré en combinaison avec l'albumine. Nous voyons aussitôt un précipité blanchâtre qui indique qu'une certaine quantité de chlorure de zinc n'est pas entrée en combinaison. En prenant un peu de cette liqueur et en la faisant chauffer, il se forme un coagulum qui indique que toute l'albumine n'était pas entièrement précipitée. De cette expérience, il résulte que toute la solution zincique n'est pas entrée en combinaison avec l'albumine. Faut-il nier, malgré l'autorité attachée au nom de Winsback, la possibilité d'une combinaison en proportions définies ? Non. Une partie faible, c'est possible, de la solution de chlorure de zinc est certainement entrée en combinaison. Et faut-il admettre avec Ferrand qu'il se fait une double décomposition en vertu de laquelle l'acide mis en liberté se combine avec les bases alcalines de l'albumine, et que l'oxyde métallique entre en combinaison, à son tour, avec l'albumine, les globules, la matière colorante, les corps gras.

Nous avons ajouté à une même quantité de solution de chlorure de zinc des quantités croissantes d'une solution d'albumine. Nous avons constaté, après la précipitation, si le liquide filtré renfermait encore de l'albumine et du chlorure de zinc.

Les solutions qui nous ont servi renfermaient : celle de chlorure de zinc, 5 grammes par litre, celle d'albumine (traitée par voie sèche) 2 gr. 25 par litre.

Dans un premier essai, nous avons ajouté à 10 centimètres cubes de sel de zinc 10 centimètres cubes de solution d'albumine.

Dans un deuxième essai, nous avons ajouté toujours à 10 centimètres cubes de chlorure de zinc 20 centimètres cubes de solution d'albumine. Et ainsi de suite, 40, 100, 200, 250 centimètres cubes d'albumine. Dans tous les cas, il s'est produit un précipité, d'autant plus considérable qu'on employait plus de solution albumineuse.

Mais chose particulière, dans tous les cas aussi, le liquide filtré renfermait encore, non-seulement du chlorure de zinc, mais encore de l'albumine. D'ailleurs, voici sous forme de tableau synoptique le résultat de ces expériences :

	Solution albumineuse	Solution zincique	Reste en solution	
			albumine	chlor. de zinc
1er essai.	10 cc.	10 cc.	»	»
2º —	20 »	» »	»	»
3º —	40 »	» »	»	»
4º —	100 »	» »	»	moins
5º —	200 »	» »	moins	encore moins
6º —	250 »	» »	»	beaucoup moins. Le précipité par le sulfhyd. d'ammoniaque est à peine sensible. Il est vrai que la liqueur est très diluée.

Peut-être y a-t-il ici quelque chose d'analogue à ce qui se passe quand on traite du sulfate de magnésie par du pyrophosphate de soude. On sait, en effet, que le précipité que l'on obtient se dissout aussi bien dans un excès de sulfate de magnésie que dans un excès de pyrophosphate de soude. On pourrait rapprocher ce fait de nos expériences : le précipité se dissout, quand il y a excès de chlorure de zinc tout aussi bien que lorsqu'il y a excès d'albumine.

Une chose très intéressante, ce serait de savoir exactement quelle est la quantité nécessaire de sel de zinc en solution, à quel titre doit être cette solution, pour précipiter une certaine quantité d'albumine? Ou en d'autres termes étant donné une quantité d'albumine, savoir quelle quantité de chlorure de zinc il faut pour précipiter entièrement cette albumine?

Ailleurs, nous trouvons dans les Archives de Virchow, que le chlorure de zinc se combine aux substances protéiques avec lesquelles il forme par double décomposition des albuminates de zinc solubles et absorbables. En effet, l'analyse d'une eschare révèle, outre les albuminates métalliques, la présence de chlorhydrates et de divers sels à base d'oxyde de zinc. Le microscope fait, en outre, reconnaître des dépôts de métal. Ces chlorhydrates et ces divers sels zinciques se conçoivent très bien, puisque, d'après M. Wurtz (1), le chlorure de zinc, en présence de l'eau, est susceptible de se décomposer en oxychlorure de zinc et en acide chlorhydrique libre.

Voilà pour l'albumine et différents principes albuminoïdes ; maintenant que deviennent les autres tissus, tels que : éléments cellulaires, fibreux, nerveux, musculaires ? Leur composition chimique est modifiée, de telle sorte que ces différents tissus ne sont pas détruits, ils sont momifiés, ils ont subi, si on peut dire, une espèce de tannage. Cette sorte de momification, de tannage que produit le chlorure de zinc injecté dans nos tissus vient confirmer l'opinion que s'est faite sur ce sel M. Korteweg, professeur à Amsterdam, qui prétend que le chlorure de zinc n'agit pas comme un caustique ordinaire, c'est aussi là notre avis et celui de M. T. Anger, mais comme une substance antiseptique et antiputride. D'ailleurs, ce sel de zinc n'est-il pas un antiseptique des plus énergiques.

Il existe, d'après Bryck, une différence d'action entre les chlorures métalliques, dont le type est le chlorure de zinc, et les chlorures alcalins. Ces derniers ne momifient

1. Wurtz (Dictionnaire, art. *zinc*).

plus, en quelque sorte, les tissus, mais leur font subir une dégénérescence graisseuse qui se révèle au microscope dans les cellules épithéliales, le tissu lamineux, les muscles, les nerfs, etc. Ils ne coagulent pas le sang dans les vaisseaux, tandis que les chlorures métalliques déterminent rapidement cette coagulation. Cette dégénérescence graisseuse serait due à l'action du chlore.

Ainsi donc, les chlorures alcalins, en contact avec nos tissus, n'agissent pas mécaniquement, pour ainsi dire, à la façon des caustiques actuels ; ils exercent une action chimique, nettement définie et qu'on ne peut leur nier. Il en est de même pour l'action chimique du chlorure de zinc. Que ce soit le chlore, l'élément actif des chlorures alcalins considérés en tant que caustiques, c'est irréfragable. En pareilles circonstances, il n'y a que le chlore qui puisse agir de cette façon. Que ce ne soit pas le chlore l'élément actif du chlorure de zinc, soit, peu importe. Au moins, il est impossible de refuser au sel de zinc toute influence chimique. Peu importe encore l'élément chimique qui agisse, du moment qu'il en est un qui agisse suffisamment pour donner au chlorure de zinc quelques avantages sur les autres caustiques. Que ce soit, ou le chlore, ou l'acide chlorhydrique mis en liberté qui soit l'agent actif, ou admettons que le sel de zinc n'agisse que par action catalytique, par action de présence, qu'est-ce que cela y fait, puisqu'il exerce une action bien différente des autres caustiques et qu'il a sur eux, je le répète, des avantages. En tant que simple caustique, il n'agit certainement pas comme l'iode, le nitrate d'argent, il possède des propriétés particulières et exerce sur les liquides séreux épanchés, une influence chimique bien marquée. L'iode, entre autres, trouve-t-on dans les bulletins de la société de chirurgie (année 1879), n'agit dans les kystes séreux du plancher de la bouche, qu'en déterminant de la suppuration. Or, le chlorure de zinc ne détermine jamais, ou du moins très rarement, la suppuration quand il est injecté convenablement, et d'après le manuel opératoire qui sera exposé plus loin.

Si on met en contact avec du sang un peu de chlorure de zinc en solution, ce sang se coagule rapidement. Le caillot, abandonné ainsi à lui-même, se modifie peu à peu ; au bout de quelques heures le coagulum diminue de volume, tandis que la partie liquide, au contraire, augmente de quantité. Bientôt, il ne reste plus dans le vase qu'un liquide rougeâtre, assez fluide. Sous l'influence acide du sel de zinc, l'albumine s'est coagulée, peu à peu elle s'est dissoute ; d'insoluble qu'elle était, elle est devenue soluble et, dès lors, absorbable.

Évidemment, on aurait obtenu la coagulation du sang avec tout autre caustique (potasse, nitrate d'argent, etc.) ; mais ce qu'on n'obtient qu'avec le sel de zinc, c'est la rapidité avec laquelle se dissout ce coagulum, c'est l'influence qu'il exerce, grâce à de l'acide chlorhydrique mis en liberté, sur les substances albuminoïdes pour les placer dans les meilleures conditions possibles de résorption ; surtout quand on a affaire à un liquide épanché dans une cavité close, comme celle d'un kyste.

« Dans ces conditions, dit Winsback, il s'est formé un albuminate de zinc soluble, il y a eu un dégagement d'une certaine quantité d'acide chlorhydrique qui, à la faveur d'un excès d'eau, est venu dissocier le coagulum et concourir à son absoption. »

Après cette exposition de l'influence chimique du chlorure de zinc, je vais examiner comment il se comporte vis-à-vis des liquides pathologiques, je montrerai ensuite que son emploi est à peu près exempt de dangers au point de vue de l'état général du malade sur lequel on opère.

CHAPITRE III

Connaissant maintenant comment se comporte ce sel de
zinc en présence du sang, de l'albumine, des divers éléments
de nos tissus, on doit se demander comment il se comportera
à l'égard des liquides albuminoïdes épanchés dans des
cavités naturelles ou pathologiques.

1° *Liquide de l'hématocèle vaginale.* — A la Charité,
dans le service de notre vénéré maître M. G. Bernutz, venait
de mourir un cardiaque qui, outre son affection de cœur,
avait une hématocèle. A l'autopsie, mon ami M. Cerné,
interne du service, sachant que je faisais des recherches sur
l'action du chlorure de zinc sur le liquide de l'hématocèle,
voulut bien en prendre environ cent cinquante grammes
qu'il me donna. C'était un liquide couleur chocolat, gru-
meleux, qui, vu au microscope, se composait de globules
sanguins assez nombreux, de cellules épithéliales, de
cristaux de cholestérine, de cellules de graisse. nageant au
milieu d'un liquide légèrement granuleux. Dans ce sang
épanché, je versai environ deux grammes de chlorure de
zinc en solution très concentrée : il y eut, au bout de
quelques instants, un léger empâtement de la masse, puis

une sorte de décoloration. Les globules, quelques heures après, avaient un aspect muriforme, leurs bords étaient comme crénelés, sinueux, les cristaux de cholestérine avaient disparu, les cellules de graisse restaient intactes. Le liquide devenait de plus en plus homogène, les grumeaux diminuaient. Au bout de dix jours, ce liquide présentait ce fait particulier, quoique exposé à une température d'au moins 15 à 18° c., de ne présenter aucun phénomène de putridité, aucune odeur, aucun dégagement de gaz. Nul doute que ce fait s'explique par la propriété que possède le chlorure de zinc de s'opposer énergiquement à la putréfaction des matières animales. Peut-on expliquer cette action antiseptique et antiputride par les combinaisons que le sel de zinc effectue avec les substances organiques? Ou parce qu'il agit en exerçant une action délétère sur les organismes inférieurs, en tuant les vibrioniens des matières putrides? Dans le cas actuel où le sang est exposé à l'air à une température de 15 à 18° c. la putridité est certainement possible, le chlorure de zinc doit agir pour empêcher les phénomènes putrides d'avoir lieu. Mais, objectera-t-on, quand il s'agit de sang épanché dans une cavité close de toutes parts et en contact avec des tissus vivants, l'action antiputride du chlorure de zinc n'a rien à faire, elle ne peut pas s'exercer, puisqu'il n'y a pas de putridité à combattre. En pareille circonstance, oui, le sel de zinc n'a rien à faire, il est, au moins, inutile. Mais est-on bien sûr que sous l'influence de l'inflammation que le sang épanché détermine par sa présence, il n'y aura pas de suppuration? Or, si le chlorure de zinc ne présentait que cet avantage, celui de s'opposer à ces transofrmations putrides et de les prévenir, ne retirerait-on pas un bénéfice réel en l'employant? Dans tous les cas, à cause de cette antiputridité du sel de zinc qu'avoue si hautement le professeur d'Amsterdam, ne doit-on pas espérer diminuer les dangers que court le malade qui fait les frais d'une suppuration? Un fait doit toujours être présent à l'esprit du chirurgien, c'est cette particularité que présente l'inflammation suppurative des néo-membranes vaginales; car, d'après M. le professeur Gosselin (1), lorsque du sang s'est épanché depuis longtemps dans une poche de ce genre, une partie s'accole à la fausse membrane en devenant plus ou moins fibrineuse; de plus, il se forme des épanchements interstitiels dans l'épaisseur même de cette fausse membrane. Quand la cavité est mise au contact de l'air, les produits sanguins s'altèrent, deviennent facilement putrides, et putrides d'une façon d'autant plus dangereuse, qu'ils sont retenus par leurs adhérences et séjournent longtemps dans la poche.

D'autre part, ajoute M. Gosselin, cette inflammation expose à une suppuration de longue durée et à des fistules incurables, dans le cas où la fausse membrane ne parvient ni à être éliminée, ni à granuler convenablement et à se cicatriser, parce que sa constitution anatomique se prête mal à ce genre de travail.

Enfin, le chlorure de zinc, dans cette expérience, n'a pas seulement agi comme antiseptique; il a, en outre, fluidifié une partie des grumeaux, modifié les globules, fait disparaître les cristaux de cholestérine, etc. L'acide chlorhydrique qui s'est dégagé par suite du dédoublement entre

1. Gosselin, *Cliniques chir. de la Charité*, t. II.

le sel de zinc et le liquide lui-même, n'a pas été sans jouer
un rôle sur l'albumine et les substances protéiques, puisque, dit M. Bouchardat, cet acide transforme les albuminoïdes et les substances protéiques en une matière gélati-
neuse. Ces réactions chimiques différencient le chlorure de
zinc des autres antiseptiques, tels que l'alcool, l'acide
phénique, etc., etc.

« Quant au point de vue antiseptique, pur et simple, le
chlorure de zinc et l'acide phénique détruisent les miasmes,
exercent une action analogue sur les éléments figurés des
humeurs de l'économie, et, en particulier, sur les leuco-
cytes et les globules sanguins qui se déforment et deviennent granuleux. Et d'ailleurs ces deux substances ont des
liens de parenté, elles exercent souvent une même action
antiseptique. On les a, du reste, employées dans un même
but ; ainsi, Raimbert (1) se servait d'acide phénique en
injection contre les affections charbonneuses, j'ai vu
M. Guyon employer au même usage cet acide, M. Desprès,
dans les mêmes circonstances, se servait du chlorure de
zinc. Encore, dans cet emploi du sel de zinc, le chirurgien
de Cochin retirait trois avantages : la circonscription, l'indolence, l'absence de phénomènes toxiques. »

Plus loin, je mettrai en relief ces divers avantages recher-
chés et obtenus dans un autre but, qui, ajoutés à l'action
chimique qu'il exerce manifestement, font du chlorure de
zinc un sel des plus utiles aux chirurgiens.

2° Voyons maintenant l'action du chlorure de zinc sur
e sang épanché dans nos tissus. « Dans ce cas, dit M. Heur-

1. Raimbert, *La nouvelle acquisition sur les maladies charbonneuses.*

taux (1), ou bien le sang se résorbe, ou bien il provoque un abcès, ou enfin il s'enkyste, c'est ce qu'on appelle kyste hématique ou hématôme. C'est de ce kyste que je vais parler. Le contenu peut singulièrement varier ; quelquefois le sang persiste à l'état liquide pendant plusieurs semaines ; ou bien, plus souvent, il est à l'état de caillot noirâtre et friable, ou de masse granuleuse de couleur brun, rouge-orangé. Quelquefois le sang tend à se liquéfier et on rencontre alors dans ce kyste un liquide brun-chocolat, café au lait, ou même tout à fait clair. » Or, ce sang, quelle que soit la forme sous laquelle il existe, est un corps devenu inutile, il faut qu'il disparaisse par résorption : par sa présence, il irrite les tissus voisins, des mailles du tissu cellulaire, en même temps que se forme une membrane d'enkystement, s'exhale un liquide séreux, roussâtre, qui dissociera peu à peu le caillot, le rendra fluide et le placera dans de bonnes conditions pour être résorbé. Tel est, en quelques mots, ce qui va se passer. Or, comment a agi l'organisme pour se débarrasser de ce caillot ? Un liquide a transsudé et a dissocié le coagulum, ce dernier, à son tour, par sa présence, a irrité les tissus voisins, déterminé une inflammation plus ou moins vive, une suractivité circulatoire, partant un plus grand travail de résorption. Le véritable talent de guérir consiste surtout à aider la nature dans ses actes, et c'est justement ce que fait, en pareille circonstance, le chlorure de zinc ; il aide l'organisme à se débarrasser de ce sang épanché : 1° par son action chimique sur l'albumine ; 2° par l'irritation qu'il

1. Diction. de Jaccoud, page 764, t. XIX.

produit, il augmente la transsudation de la sérosité qui ajoute son pouvoir dissolvant à celui de l'action chimique du sel de zinc ; 3° il fait concourir à la résorption du contenu les modifications chimiques que son mélange avec ce contenu doit forcément y apporter.

3° .... Examinons l'action du chlorure de zinc en injection dans les kystes séreux du plancher de la bouche, dans les autres kystes qui ont pour caractère principal d'être constitués par une membrane limitante composée de faisceaux de tissu conjonctif, tapissée à sa face interne par un endothélium à cellules plates, qui forme un revêtement complet ou incomplet. La cavité qui est une ou multiple contient généralement un liquide clair, citrin, séreux, quelquefois coloré en rouge ou en brun par du sang, constitué par un liquide albumineux, semblable à une gelée et de même nature que l'albumine du sang, c'est du sang moins les globules (Méhu) (1). Ce sont surtout ces kystes que l'on a traités par les injections iodées, le nitrate d'argent, et, dans un autre ordre d'idées, par le séton, (grenouillette). Dans ces divers modes de traitement on observait de la suppuration. D'ailleurs, dans les kystes séreux du plancher de la bouche, les injections iodées n'agissent qu'en déterminant de la suppuration (*Bul. de la Soc. de chir.* 1879). M. T. Anger imagina contre eux les injections de chlorure de zinc, rarement il y eut de la suppuration. Je ne veux pas dire qu'il ne soit jamais survenu de complications, d'abcès pour les chirurgiens qui ont expérimenté les injections de ce sel de zinc. Dès le

---

1. Méhu. *Chimie médicale.*

début le manuel opératoire laissait à désirer, il y avait à craindre qu'en retirant la seringue, une fois l'injection faite, quelques gouttes du liquide injecté ne vinssent baigner les bords de la plaie. Dans ce cas, deux choses survenaient presque infailliblement : 1° inflammation, eschare du pourtour de la plaie faite en introduisant la canule; 2° communication d'une cavité enflammée avec l'air extérieur. Or, ces deux complications amenèrent à modifier le procédé opératoire en ajoutant une deuxième canule dans laquelle entre la première canule qui laisse passer l'injection. D'ailleurs, je reviendrai plus loin à la description du manuel opératoire de M. T. Anger. Les injections de chlorure de zinc sont d'une grande efficacité contre ces kystes, parce que ceux-ci contiennent un liquide albumineux, et, que, comme je l'ai fait voir en maints endroits, le sel de zinc forme dans cette albumine des composés solubles, irrite les parois kystiques dont il active la circulation et favorise le pouvoir d'endosmose.

4° Comment le chlorure de zinc en injection va-t-il se comporter en présence du liquide renfermé dans les kystes de l'ovaire? Si ce liquide a de grandes ressemblances avec les différents liquides que je viens d'étudier, il y aura évidemment de grandes analogies dans le mode d'action du sel de zinc.

Le liquide séreux, dit M. Méhu, des kystes ovariques spontanément coagulable, contient une albumine plus alcaline que celle du blanc de l'œuf, susceptible de se combiner avec une plus grande quantité de sels de chaux, de baryte, de zinc, de plomb. cuivre, mercure pour donner des albuminates métalliques correspondants. L'albumine, quelle

que soit son origine, peut être considérée comme un sel
de soude dont l'élément organique joue le rôle d'acide. Les
kystes ovariques renferment donc une albumine très susceptible encore d'entrer en combinaison avec le chlorure de
zinc. En outre, le liquide séreux ovarique a une teinte
jaunâtre plus ou moins marquée, jamais incolore, quelquefois coloré en rouge par du sang, d'autrefois renfermant des
pigments biliaires, contenant toujours des matières albuminoïdes de même nature que celles du plasma sanguin. On y
trouve parfois de la fibrine, ce qui indique qu'il y a eu, ou
qu'il y a encore inflammation des parois kystiques, des
cristaux de cholestérine, des matières grasses, etc.

D'après cette courte analyse, on voit qu'il existe une
grande identité entre les divers liquides épanchés ; aussi,
contre ce liquide ovarique le chlorure de zinc va-t-il avoir
la même puissance que contre les autres épanchements
renfermant plus ou moins d'albumine et de substances albuminoïdes. Son mode d'action sera le même que précé-
demment. Aussi peut-on avec M. T. Anger, compter encore sur la résorption comme moyen de guérison, ou bien,
en injectant simplement le chlorure de zinc dans le liquide
kystique, ou bien, après avoir modifié le procédé opératoire,
en vidant en grande partie la loge kystique, lavant à l'eau
tiède, et injecte ensuite une solution étendue de
chlorure de zinc. Dans le premier cas, on compte obtenir
encore la résorption, ce qu'on obtient plus directement dans
le second cas, c'est-à-dire l'accolement des parois kystiques
après avoir fait subir aux fausses membranes et aux parois
elles-mêmes certaines modifications. On pourrait obtenir,
dira-t-on, ce résultat avec tout autre liquide que le chlorure

de zinc, c'est peu probable. Je doute que tout autre liquide puisse réunir autant d'avantages que lui, car il faut bien se rappeler les propriétés particulières de ce sel de zinc : pas d'eschare, indolence, circonscription, peu ou point de suppuration. Ce sont là d'importantes propriétés. De plus par son pouvoir antiseptique et antiputride, par cette sorte de momification qu'il fait subir aux tissus organiques, on évite toute chance de résorption de matières putrides, parce que le liquide kystique est susceptible de se décomposer et de devenir septique, surtout si, à la suite de la ponction, un peu d'air ou des ferments avaient pénétré dans la cavité. Pousser l'irritation des parois assez loin pour les modifier profondément, mais pas assez pour provoquer la formation du pus, est encore un pouvoir du chlorure de zinc. On voit quels sont les avantages de ce sel dans le traitement des kystes ovariques. Les observations que je rapporte plus loin viennent confirmer ce que j'avance.

Il en résulte que le chlorure de zinc, par le fait même de son absorption, ne détermine aucun accident; puisque l'état général des opérés est resté satisfaisant après les injections de ce sel. Je ne me tiendrai pas pour dit, je vais rapporter quelques résultats des recherches de Bryck (Arch. de Virchow, 1860) : « Les chlorures sont absorbés et passent dans les urines, la présence d'albuminates métalliques mettent ce fait hors de doute. Non-seulement pour Bryck les chlorures seraient absorbés ; mais, une fois introduits dans le torrent de la circulation, ils iraient dans différents organes provoquer des thromboses et des embolies, et plus tard des dégénérescences graisseuses. » Que ces accidents soient le fait d'une absorption prolongée et considérable des chlorures, on peut l'admettre ; mais une absorption plus modérée ne donne pas lieu à ces accidents, ainsi qu'il résulte des observations citées à la fin de ce travail.

L'absorption étant admise comme un fait réel, quelles en sont les voies : Je me contenterai, ne pouvant certainement faire mieux, de citer textuellement ce passage de la thèse de M. T. Anger.

« Il ne nous paraît guère possible que cette absorption se fasse par les capillaires. Le calibre en est trop fin et le courant qui les parcourt relativement trop ralenti pour que le sang n'y soit coagulé instantanèment, dès que le caustique atteint la partie du vaisseau. Un fait d'observation tend à le prouver : presque toujours les capillaires sont oblitérés jusqu'au delà des dernières limites de l'eschare. Dans les petites artères, le caillot intra-vasculaire dépasse également les limites de la mortification des parois (Girouard) (1). « Dans ses expériences sur le chlorure de zinc, Girouard n'a jamais vu de caillot se former dans les gros vaisseaux, alors même que le caustique se trouvait en contact immédiat avec leurs parois. Pour lui, l'absorption de ce sel n'est pas douteux ; l'absence de caillot serait due au passage rapide du sang qui emporterait, pour ainsi dire, molécule à molécule, le chlorure de zinc, à mesure qu'il traverserait la paroi. Malgré cette absorption, il n'a jamais vu d'accidents d'intoxication survenir, etc. »

L'état général, d'après Bryck, pendant et après l'emploi des chlorures n'offre pas de grandes variations. Le pouls

1. *Loco citato.*

reste en re 60 et 80 ; la température s'élève un peu ; rarement il y a des troubles digestifs.

L'urine présente des altérations sans que le malade en souffre : il n'y a souvent ni douleur rénale, ni difficulté d'excrétion. L'augmentation des urines a été observée à la suite de cautérisations avec les chlorures métalliques, par Dellvrish (1) ; Wendt (2) et Grotzner (3) l'ont notée après l'usage du chlorure de zinc.

L'urine est trouble, quelquefois sanguinolente, acide, avec un dépôt rougeâtre formé de cellules épithéliales rondes foncées quelquefois graisseuses, de cylindre d'épithélium rénal granuleux, d'acide urique et de cristaux d'oxalate de chaux.

Il y a plus ou moins d'albumine selon la durée de la cautérisation. Sa quantité, peu notable le premier jour, augmente le deuxième et le troisième jours. Les métaux employés s'éliminent par l'urine, l'antimoine immédiatement, le zinc plus tard.

Consécutivement, l'urée, les chlorures, les phosphates, l'acide urique diminuent, tandis que l'uroxanthine et les pigments augmentent. L'albumine disparaît également, et l'état normal revient au bout de trois à cinq jours.

Quoique la rétention d'urine soit un fait exceptionnel, elle a été observée un certain nombre de fois après la cautérisation avec les alcalis et le chlorure de zinc.

Enfin M. Rabuteau a signalé la possibilité du passage de ces lésions aiguës et passagères à l'état chronique et persistant, de la transformation de la néphrite catarrhale en néphrite parenchymateuse.

1-2-3. Arch. Virchow, 1868, page 377.

Ainsi donc, l'emploi du chlorure de zinc ne détermine aucun accident dans l'état général ; quelquefois, comme dans une observation que je citerai, il y eu un peu de réaction fébrile.

Qu'il me soit permis, comme preuve de ce que j'ai avancé, de rapporter ici en quelques lignes deux expériences instituées par M. T. Anger sur des chiens.

Le 3 mai 1869. Chien jeune, fort. Injection d'une solution de chlorure de zinc concentrée :

1° Au sommet de la tête	5	gouttes
2° Dans le foie.	10	—
3° Cuisse droite	10	—
4° Masse sacro-lombaire.	5	—
5° Patte antérieure droite	2	—

Ces injections ont été faites sur l'animal non-anesthésié, il n'y a eu aucune manifestation de douleur, ni pendant l'opération, ni après.

A l'autopsie, on voit que les traces laissées par l'injection sont peu apparentes.

Nulle part il n'y a d'eschare ; il s'est formé de petits noyaux inflammatoires ; il n'y a pas eu à vrai dire, de cautérisation. Il est probable que le chlorure de zinc, appliqué de cette façon, est résorbé peu à peu avant de pouvoir détruire les tissus.

DEUXIÈME EXPÉRIENCE

Le 8 mai 1869. Chienne robuste, taille moyenne, grosse. Injections d'une solution de chlorure de zinc concentrée :

1° A la partie interne de la cuisse gauche. .	5	gouttes
2° A l'oreille gauche	10	—
3° Aux deux derniers mamelons à gauche. .	5	—
4° Dans le tissu cellulaire de l'orbite	10	—
5° Au cou	10	—

L'animal n'est pas endormi ; pas de douleur pendant l'opération ; un quart d'heure après, il y a de la douleur sur l'orbite gauche, l'œil devient rouge, la paupière est gonflée ; le lendemain, plus rien , l'œil est clair, l'animal est en bonne santé.

Le 16 mai, on injecte dans la veine saphène gauche 10 gouttes d'une solution concentrée de chlorure de zinc ; coagulation (moins que par l'acide sulfurique) ; au bout d'un quart d'heure, même opération à droite et même résultat. L'animal est remis en liberté pendant deux heures. Rien de nouveau. On le fait mourir par le chloroforme.

A l'autopsie, on voit que les injections de chlorure de zinc ont donné les mêmes résultats que chez le premier chien, c'est-à-dire qu'on trouve des noyaux indurés formés de tissus lamineux et très vasculaires. Pas d'eschares. C'est dans l'oreille et l'orbite que se trouvent les noyaux les plus volumineux (comme un gros pois).

Je me contenterai pour le moment d'appeler l'attention sur ce fait que dans ces deux belles expériences il n'y a pas eu d'eschare. Plus loin, il me sera facile de tirer la conséquence clinique de cet avantage que possède le chlorure de zinc sur les caustiques escharotiques.

CHAPITRE IV.

Avant d'exposer les observations d'injection de chlorure
de zinc dans les cavités closes, je pense qu'il n'est pas
inutile, afin de bien trancher la question, de passer en revue les observations qui ont été rapportées dans l'excellente
thèse du docteur Bodet (1). C'est un excellent moyen d'étudier comparativement les différences qui existent entre le
mode d'action des injections interstitielles et intradermiques
et des injections dans les cavités closes ; car, avant M. T.
Anger, le chlorure de zinc fut toujours employé comme caustique, comme escharotique. Effectivement, dans une observation relative à un goître unilatéral gauche traité par le
chlorure de zinc en injection, on voit qu'il s'est formé, consécutivement à ces injections, des fragments fibreux prove-
nant de cloisons et des grumeaux blanchâtres, solides, de
forme et de volume irréguliers, d'apparence glandulaire.
Le travail de destruction marche à souhait, sans interrup-
tion, bien que lentement.... A la base du cou, il ne reste
plus au bout de six mois qu'un petit noyau sec, fibreux,
ratatiné, reste des cloisons inattaquées et rétractées par un
véritable travail cicatriciel, et aussi sans doute par une atrophie consécutive à l'action du chlorure de zinc. Ce noyau
lui-même n'était plus appréciable au bout de deux ans.

1. Bodet. Du chlorure de zinc et de son usage en injections interstitielles et intradermiques. Paris 1880.

Dans la deuxième observation concernant un polype naso-pharyngien traité par M. Rochard on lit ce qui suit :

Je devais, rapporte ce chirurgien distingué, pratiquer d'abord l'opération de Manne, enlever avec un écraseur tout ce que je pouvais de la tumeur, poursuivre ensuite par des injections parenchymateuses de chlorure de zinc la destruction lente et progressive de ce qui resterait... J'espérais par des ponctions caustiques comme M. le professeur Guyon par l'électrolyse, détruire le polype, centimètre par centimètre sans avoir l'embarras, les incertitudes et les difficultés des appareils électriques. En enfonçant dans la tumeur une longue canule à injections hypodermiques, tantôt par le nez, tantôt par la bouche, il me serait facile, probablement sans douleur et sans hémorrhagies, de la creuser en tous sens d'alvéoles produites par la chute des eschares. La rétraction cicatricielle viendrait ensuite ajouter son action atrophique à la perte de substance et le polype pourrait, soit être arrêté dans sa marche par la diminution de sa vascularité, soit être détruit complétement et peu à peu.

25 décembre. — Une première injection est pratiquée.... Quatre gouttes de chlorure de zinc liquide furent poussées. Le malade accuse aussitôt une vive douleur dans l'oreille qui se calma un instant après. Quelques gouttes de sang colorées en rouge vif par le caustique et qui s'écoulent par la piqûre sont essuyées avec un pinceau. Bientôt toutes les traces de la petite opération ont disparu.

26 décembre. — Une tache blanche se dessine au point piqué, augmente tous les jours suivants et couvre un centimètre carré environ. Le malade n'éprouve aucune douleur. Malheureusement les 28, 30 et 31 décembre, des hémorrhagies qui se manifestent de nouveau semblent devoir nous ramener aux mauvais jours d'octobre. Le caustique, malgré son action hémostatique aurait-il donc pour effet de produire un état congestif du néoplasme se traduisant par hémorrhagies? Ce serait compromettant pour la méthode : ou bien n'y a-t-il qu'une simple coïncidence?

5 janvier. — L'eschare s'est détachée dix jours après la ponction.

Tavenaux
4

Le malade a senti qu'il avalait quelque chose. Je constate avec plaisir que la tumeur ne paraît plus dans la bouche. Le doigt, porté derrière la voûte palatine, s'enfonce dans un creux et sa pulpe semble se coiffer d'une petite cupule creusée aux dépens de la tumeur. J'évalue à deux bons centimètres cubes la perte de substance qu'elle a subie. Ce jour là, deuxième injection par la bouche, puis les 10, 13 et 20 janvier nouvelles injections caustiques.

Février, mars. — Les 9 et 12 février, 12 et 19 mars, de nouvelles injections furent pratiquées, toujours jusqu'ici sans accidents et avec la plus grande aisance, plus facilement encore par la bouche et par le nez. La douleur doit être bien minime pour qu'un garçon aussi pusillanime vienne dans les derniers temps, au devant, pour ainsi dire de leur application... Le plus souvent les escharres ont été perdues ou avalées. Deux fois seulement elles ont pu être recueillies en partie... jamais leur chute n'a été le signe d'une hémorrhagie, celle-ci d'ailleurs ne s'est plus reproduite depuis la fin de décembre.

Neuf injections qui n'ont jamais dépassé cinq gouttes de chlorure de zinc liquide ont suffi à amener ce résultat), ce changement total et général. Je ne pense pas qu'elles aient détruit tout ce qui manque, car il faut je pense, attribuer aussi une large part à son retrait par rétraction cicatricielle ou par résorption.

Obs. III. — Cancer ulcéré du sein. Injections interstitielles de chlorure de zinc par M. Bodet. Je me servis, dit l'auteur, d'une solution aqueuse concentrée au maximum, et, le 10 novembre, je pratiquai du côté ciliaire quatre piqûres à travers le tégument sain. A chaque piqûre, j'inoculai deux gouttes de la solution. Les douleurs furent très vives pendant trois à quatre heures. Le derme ne tarda pas à prendre une teinte grisâtre ; l'eschare tégumentaire présentait des dimensions variables, depuis la largeur d'une pièce de vingt centimes jusqu'à celle d'un franc. La forme de l'eschare était irrégulière, l'une des piqûres ne donne pas d'eschare à la peau. Au bout de quatre jours je pus constater, en fendant les masses grisâtres obtenues, que chaque piqûre avait donné lieu à la mortification d'une masse du volume d'une petite noix... Au bout de trois semaines, fin novembre,

après cinquante à soixante piqûres de deux gouttes chacune, j'avais
détruit les trois cinquièmes internes de la tumeur... Dans les premiers jours de décembre, toutes les parties atteintes étaient éliminées,
laissant une surface rosée de très bon aspect. Les dernières injections
furent pratiquées le 8, le 9 et le 10. Le 15 décembre, la destruction
de la tumeur était complète. Une masse, du volume des deux poings,
avait disparu sans perte de sang.

Ainsi, comme le prouve le résumé de ces intéressantes
observations, le chlorure de zinc en injection a agi comme
un escharotiqu.e Dans l'esprit des chirurgiens qui ont expérimenté ce nouveau traitement des tumeurs solides, ce sel
de zinc en solution devait, plus comodément, il est vrai,
agir comme la pâte de Canquoin. C'est sur la destruction
lente et successive de la tumeur, c'est sur la transformation
en eschare qu'est fondé le nouveau traitement. Tel est le
premier mode d'action du chlorure de zinc dans cette méthode. Ce n'est qu'en déterminant une rétraction et une
atrophie considérable des tissus voisins que l'on guérit la
tumeur. Tel est le deuxième mode d'action de la solution
zincique. Je ne m'appésantis pas davantage sur les autres
façons d'agir du sel de zinc, je veux m'en tenir aux deux
propriétés essentielles, grâce auxquelles on a préconisé la
solution de chlorure de zinc. Tandis que cette même solution injectée dans les cavités closes ne se comporte plus de la
même façon : non seulement et c'est hors de contestation,
elle agit chimiquement sur les liquides épanchés dans ces cavités ; mais, et c'est là surtout en quoi consiste la différence
capitale des deux méthodes, elle ne détermine jamais d'eschares, jamais de suppuration. Dans la première méthode,
on recherche la causticité du chlorure de zinc, on la met

heureusement à profit ; dans la seconde, au contraire, on ne recherche pas le pouvoir escharotique, mais on utilise cette propriété du sel de zinc qui fait de lui un puissant modificateur des liquides albuminoïdes épanchés, un puissant excitant des vitalités organiques des parois kystiques.

CHAPITRE V

Prise dans le service de M. T. Anger. Hématocèle vaginale.

Le nommé Faucillon Charles, âgé de 47 ans, musicien, entre le 27 avril 1879 dans la salle Dupuytren, atteint d'une hématocèle vaginale.

Les antécédents pathologiques de ce malade jusqu'en 1877 sont absolument dénués d'intérêt par rapport à l'affection actuelle : c'est une fièvre typhoïde, c'est un chancre qui ne semble pas avoir été de nature syphilitique.

Au mois d'octobre 1877, il eut sans cause appréciable une hydrocèle du côté droit : constatée à plusieurs reprises par différents chirurgiens, elle ne fut jamais ponctionnée à cause de la pusillanimité du malade. Du reste, il ne ressentait aucune douleur et l'épanchement n'avait aucune tendance à augmenter. Bien plus, deux fois le liquide se résorba presque complètement pour reparaître au bout de quelque temps.

Le 12 avril 1879, cet homme eut à faire un très violent effort musculaire pour retenir une lourde caisse sur le point de l'écraser ; aucun traumatisme néanmoins ne porta sur les organes génitaux. Le soir ou le lendemain matin, il constata que son scrotum du côté de l'hydrocèle (à droite), prenait une teinte noire violette qui le surlendemain avait envahi toutes les bourses et commençait déjà à gagner le fourreau de la verge. En même temps que cette teinte ecchymotique, les bourses présentaient une certaine augmentation de volume, surtout à droite et elles devenaient douloureuses : c'était une douleur sourde, continue, exacerbée de temps en temps par des éléments, augmentée par la marche.

C'est dans cet état que le malade entre à l'hôpital le 27 avril : il n'a essayé chez lui aucun traitement. La présence d'un épanchement sanguin est évidente, aucune transparence.

Pendant une dizaine de jours (jusqu'au 8 mai), on employa les résolutifs, notamment des compresses trempées dans l'eau blanche et maintenues en permanence sur le scrotum.

Le 9 mai, ne voyant aucun espoir d'amélioration prochaine M. T. Anger ponctionna la tumeur avec une seringue de Pravaz ; il laisse écouler quelques grammes d'un liquide brun noirâtre qu'il remplace dans la poche par dix gouttes d'une solution très concentrée de chlorure de zinc (30 gr. de chl. de zinc pour 10 gr. d'eau).

Le lendemain et les quelques jours qui suivirent cette injection le malade eut quelques nausées et un peu de fièvre. Quant à la tumeur des bourses pendant trois à quatre jours elle augmenta de volume, devint plus tendre, plus rouge, chaude, plus douloureuse spontanément et à la pression.

Mais ces phénomènes inflammatoires se calmèrent en quelques jours. Néanmoins le 20 mai, voyant que l'épanchement n'avait pas considérablement diminué, on ponctionna de nouveau. Le liquide dont on laisse, comme la première fois, écouler une petite quantité est tout différent du premier : au lieu d'être rouge noirâtre, il est jaunâtre, un peu foncé. On injecte cette fois 15 gouttes de la solution indiquée plus haut.

Mêmes phénomènes inflammatoires et gastriques qu'après la première injection, mais cette fois pendant quarante-huit heures seulement. L'application des compresses imbibées d'alcool pur calme d'ailleurs les élancements douloureux qui ont suivi l'injection.

Au 1er juin, dix jours après la seconde injection (15 gouttes) et vingt jours après la première (10 gouttes) la tumeur sanguine a notablement diminué, elle n'est plus dure et tendue comme lors de l'entrée du malade.

Cette amélioration progresse chaque jour et le 13 juin le malade quitte l'hôpital absolument guéri de son hématocèle.

OBSERVATION II

Hématocèle vaginale, guérie.

Damonay Louis, 32 ans, cordonnier. Entré le 10 février, sorti le 5 mars. Salle Seymour, lit n° 17.

Le malade a eu deux blennorrhagies à 17 ans. Pas d'orchite.

Il y a six mois, gonflement des organes génitaux à droite, sans douleur, c'était une hydrocèle.

Il y a trois semaines, picotements, sentiment de tension, dépesenteur dans le scrotum.

Accès de fièvre, il y a huit jours, une tumeur s'est développée, est devenue douloureuse rouge, tendue et acquis le volume qu'elle a aujourd'hui. Le malade a été obligé de s'aliter.

État actuel. — Tumeur ellipoïsde, occupant la partie droite du scrotum, remontant jusqu'à l'anneau inguinal externe qui n'est pas dépassé, il n'y a pas de hernie. La peau est encore un peu rouge, mais non douloureuse, elle ne semble pas tendue à l'excès. La consistance de la tumeur est très inégale. Donnant dans tous ses points une sensation de fluctuation, elle semble dans certains points avoir une coque assez résistante, tandis que dans d'autres points elle n'est pas plus épaisse qu'à l'état normal. Pas de transparence. Si l'on cherche à déterminer par la pression la position du testicule, le malade n'accuse pas à la partie antérieure la sensation particulière de pression du testicule, mais à la partie postéro-latérale. La circonférence horizontale de la tumeur est de 30 centimètres, le diamètre vertical d'environ 15 centimètres.

18 *février*. — Injection dans la tumeur de 10 gouttes de solution de chlorure de zinc à 4 grammes pour 10 grammes d'eau.

21 *février*. — Seconde injection de 10 gouttes de la même solution. Quelques gouttes du liquide tombent sur la peau et provoquent une inflammation à la suite de laquelle il se forme une petite ouverture

qui donne passage à un liquide jaunâtre. A la suite de cet écoulement la tumeur diminue de moitié (circonférence horizontale 22 centim. et diamètre vertical 12 cent.). L'orifice fistuleux continue à persister et à fournir un peu de liquide. Depuis le malade s'est très bien porté. L'orifice fistuleux est fermé, et le scrotum a repris son aspect normal. La tumeur a totalement disparu et le malade ne souffre pas, si ce n'est quand il est très fatigué.

RÉFLEXIONS. — Que faut-il conclure de cette observation ? est-ce que cette fistule livrant passage au liquide de l'hématocèle est pour quelque chose dans la guérison ? Il est fort peu probable qu'à elle seule revienne tout le mérite de la cure, puisque, comme on vient de le voir dans l'observation précédente, le chlorure de zinc injecté a suffi seul et sans qu'il soit survenu une fistule pour amener la guérison complète, tandis qu'il n'est pas du tout démontré qu'un simple trajet fistuleux livrant passage au liquide épanché ait guéri une hématocèle. D'ailleurs le procédé opératoire que préconise avec beaucoup de raison M. T. Anger a surtout pour but d'empêcher cette formation de fistule qu'il considère comme une complication. De plus la cavité de la tumeur ne serait pas mise à l'abri de l'air extérieur, ce que M. Anger cherche avant tout à éviter et qu'il obtient si facilement et si sûrement par une canule à bec de flûte ajoutée à la seringue de Pravaz.

Cette observation présente un réel intérêt, parce que, malgré cette complication d'un trajet fistuleux, elle démontre péremptoirement l'avantage qu'on peut retirer des injections bien faites de chlorure de zinc dans l'hématocèle. En effet, il y a quelque temps, M. T. Anger a eu l'occasion de revoir son malade. La guérison a été si complète qu'il était

difficile, dit-il, de reconnaître quel était le testicule dont
la vaginale avait été auparavant le siège de la tumeur.
Moi-même j'ai eu le plaisir de voir cet homme et de pouvoir
ainsi confirmer la guérison.

OBSERVATION III

Cette observation, en outre qu'elle prouve la valeur des
injections de chlorure de zinc, démontre que celles-ci
peuvent être aussi employées avec avantage même chez
des petits enfants. Il s'agit d'un hématôme sous-périostique
de la région frontale.

Petit, Édouard, âgé de 6 mois, entré le 20 janvier, sorti le 3
février. Salle Amboise-Paré, n° 3.

Cet enfant est tombé, il y a neuf jours, d'une chaise sur laquelle on
l'avait placé.

Depuis ce moment, il a au niveau de la bosse frontale droite une
énorme tumeur violacée fluctuante, à bords durs et nettement taillés à
pic. La collection sanguine siège sous le périoste qu'elle a décollé.

Le 21 *janvier*. — Injection dans la tumeur de cinq gouttes d'une
solution de chlorure de zinc au quarantième. La circonférence de la tête
prise au niveau du point le plus saillant de la bosse mesure 48 centimètres ; le diamètre vertical de la tumeur est de 7 centimètres 5, et le
diamètre transversal de 8 cent. 9. Le lendemain, réaction inflammatoire vive. La peau de la tumeur est plus rouge, plus chaude.
La sensation au liquide épanché est plus grande ; au toucher, la bosse
sanguine semble plus dure.

Le 27 *janvier*. — Nouvelle mensuration : la circonférence de la
tête mesure 46 cent. c'est-à-dire 2 cent. 5, de moins que le 21 janvier,
le diamètre vertical mesure 5 cent. c'est-à-dire 2 cent. 5 de moins, le
diamètre transversal 6, c'est-à-dire 2 c. 9 en moins.

	circonférence de la tête	diamètre vertical	diamètre transvers.
21 janvier	48	7 c. 5	8 c. 9
27 »	46	5 »	6 »
différence en 6 jours	2 c.	2 c. 5	2 c. 9

En somme diminution sensible. La tumeur disparaît peu à peu. Enfin le 3 février elle est totalement disparue, le diamètre de la tête est de 45 c. 5.

OBSERVATION IV

Kyste de la région parotidienne.

Perrot Jules 50 ans, contrôleur du service des égoûts. Entré le 4 mai, il sort guéri le 15 juillet.

Cet homme a depuis vingt ans une tumeur de la grosseur d'une petite noix occupant la fossette rétro-maxillaire. Le 27 avril 79, cette tumeur devint plus douloureuse et augmenta de volume. On fit une ponction qui donna issue à un liquide citrin, renfermant un peu de pus. Aucune injection ne fut faite à la suite de cette ponction. Sept ou huit jours après la tumeur avait repris son volume.

Le malade vint alors à l'hôpital où on lui fit une injection de chlorure de zinc de 5 gouttes. Inflammation et douleur consécutives. Pour calmer la souffrance, on appliqua des compresses d'acool pendant quatre ou cinq jours sur la tumeur. Quelques jours après la peau devient rouge, violacée, il se forme un abcès. On fait une incision qui donne issue à du pus et à des débris de tissu cellulaire.

A partir de ce moment la tumeur diminue sensiblement de volume et le 15 juillet il n'y a plus trace de kyste dans la région. Guérison complète.

OBSERVATION V

Kyste séreux du vagin.

Bureau Cécile, 32 ans, domestique, entrée le 12 février 1879, salle Delessert, n° 14, sortie le 21 mars.

Cette femme avait au niveau du bulbe du vagin un kyste séreux qui était apparu dans le courant de mai 1878. Le kyste présentait des alternatives de diminution et d'augmentation, sans qu'il n'y ait jamais eu d'écoulement bien apparent à l'extérieur. Cette malade est rhuma-tisante, atteinte d'insuffisance mitrale et de rétrécissement aortique avec douleurs rhumatoïdes dans l'épaule droite, genoux, mains et pieds.

A son entrée dans le service, le kyste atteint la grosseur d'un œuf de poule, sans induration périphérique, la fluctuation est manifeste. On fait une ponction exploratrice qui donne un liquide séreux, trans-parent comme de l'eau. Aussitôt on résolut de pratiquer une injection de quatre à cinq gouttes d'une solution de chlorure de zinc. Cette solu-tion était dans la proportion de 4 grammes de chlorure pour 6 grammes d'eau. Sans douleur bien appréciable et sans phénomènes inflamma-toires bien marqués, le kyste diminue peu à peu. Il n'est pas nécessaire de pratiquer une deuxième injection et la malade quitte le service dé-barrassée complètement de son kyste.

Qu'il me soit permis de rapporter ici le résumé du compte rendu de M. Le Dentu (1) sur les injections de chlorure de zinc.

« Dans deux cas d'hygroma la quantité injectée a été de 3 gouttes ; une réaction inflammatoire ass z vive s'en est suivie. La guérison obtenue en trois semaines dans l'un des cas, en quinze jours dans l'autre, s'est maintenue.

1. Le Dentu. *Bul. de la Soc. de chir.* nov. 1876.

Dans deux cas de grenouillette, les choses se sont passées moins simplement, et l'on peut relever comme particularités de quelque importance, dans la première observation, l'injection de 3 gouttes d'une solution concentrée de chlorure de zinc, le développement rapide d'une douleur violente, suivie d'une inflammation intense de tout le plancher buccal, qui ne commença à rétrocéder qu'au bout de 4 jours jusqu'à la guérison complète survenue en 15 jours; dans la deuxième observation, l'injection d'une seule goutte de chlorure de zinc détermina l'apparition de la même inflammation avec une intensité plus grande encore, puisque la tuméfaction gagna la glande submaxillaire, la région sushyoïdienne, la joue et qu'une goutelette de pus s'échappa un jour de l'orifice de Wharton. Enfin, j'ajouterai que la récidive eut lieu quand même, et nécessita une nouvelle injection de chlorure de zinc qui fut faite par M. Dolbeau et détermina l'apparition d'un abcès sous-hyoïdien.

Il est donc permis de porter à l'actif du sel de zinc ces deux cas de guérison d'hygroma. Quant aux deux grenouillettes, la première, à part quelques phénomènes inflammatoires assez vifs, réussit à guérir ; pour ce qui est de la seconde, c'est un insuccès. Mais cet insuccès ne doit pas diminuer en quelque chose le mérite de la méthode de M. T. Anger ; car au moment de ces opérations, le manuel opératoire laissait encore beaucoup à désirer. De là de l'inflammation, parfois des abcès. On peut rapprocher cette observation de grenouillette de la première observation d'hématocèle qui ne put guérir complètement qu'après eschare et fistule déterminées par quelques gouttes de la solution qui avaient baigné les lèvres de la plaie. En employant le nouveau manuel opératoire, le nombre des complications doit diminuer à l'avantage des solutions de chlorure de zinc.

Observation VI

(Gaz. des hôpit. Déc. 1875, service de M. Panas)

Kyste sus-muqueux du cou guéri par une injection de chlorure de zinc.

Un jeune homme de 23 ans portait au cou dans la région hyoïdienne une tumeur arrondie, demi sphérique, résistante, irréductible, n'ayant aucun battement propre, ni aucune expansion, et suivant l'os hyoïde et le cartilage thyroïde dans leurs mouvements d'ascension et de descente pendant la déglutition.

La peau au-devant de cette tumeur n'offre ni adhérence, ni altération.

Cette tumeur n'est le siège de douleurs ni provoquées, ni spontanée. La phonation et la respiration ne sont pas troublées.

Il y a deux ans un médecin consulté pratiqua une ponction exploratrice qui vida la tumeur, mais pour peu de temps. Elle ne tarda pas à se remplir de nouveau.

C'était donc à un kyste d'origine séreuse que l'on avait affaire, kyste constitué par le tissu cellulaire situé au-devant de la membrane thyro-hyoïdienne.

M. Panas eut recours, d'abord à l'injection de teinture d'iode (mélange de teinture d'iode et de glycérine), sans extraction préalable du liquide kystique.

Cette première injection étant restée sans résultat, une seconde fut pratiquée, puis trois autres successivement à huit jours d'intervalle l'une de l'autre, mais toujours avec le même insuccès. Une injection d'ulcère fut aussi inefficace. Ce fut alors que M. Panas eut l'idée de recourir au chlorure de zinc. Il injecta dans la tumeur toujours sous le vide) de 10 à 15 gouttes d'une solution de chlorure de zinc au dixième.

Le malade n'en éprouva immédiatement aucune sensation désagaéable.

Pendant les trois premiers jours, il n'y eut aucun changement apparent dans l'état de la tumeur ; mais, à partir du quatrième jour, elle diminua avec une telle rapidité qu'en quarante-huit heures, elle était réduite au quart de son volume primitif; huit jours après, elle avait complètement disparu.

Comment a agi le chlorure de zinc dans cette circonstance ? Quelles modifications a-t-il déterminées dans les parois du kyste ? Est-ce par une action analogue à celle de l'alcool ou de l'iode, mais plus énergique ou par une action différente.

Tout autant de questions que se pose M. Panas sans prétendre les résoudre. Il incline à penser toutefois que le chlorure de zinc a agi dans ce cas en provoquant la coagulation du contenu du kyste. C'est là une question à reprendre, quand d'autres faits seront venus confirmer ces résultats obtenus par MM. Anger et Panas.

OBSERVATION VII (Bulletins de la Soc. de chirurgie 1876).

Kyste de la glande vulvo-vaginale par M. Liézé
(du Mans).

La femme S..., ouvrière en chapellerie, de mœurs assez dépravées, a usé du coït outre mesure ; et le 31 novembre 1876, elle venait me consulter pour une tumeur siégeant au 1/3 postérieur et en dedans de la grande lèvre gauche. Cette tumeur, du volume d'un œuf d'oie, avait la forme d'une poire dont la grosse extrémité regardait en arrière et la petite extrémite regardait en avant. A la palpation, on y constatait la fluctuation la plus manifeste, et en tendant ses parois avec les doigts, il était facile, avec une bougie, d'y constater la transparence de l'hydrocèle. Le 4 novembre, avec un petit trocart, j'évacuais les trois quarts du liquide contenu dans la poche, et j'y injectai 10 grammes de teinture d'iode étendu de 5 grammes d'eau.

N'ayant pas de succès, je fis deux nouvelles injections les 19 et 25 novembre avec de la teinture d'iode pure et il n'en résulta aucune modification du kyste. Alors le 21 décembre 10 gouttes de la solution suivante furent injectées et mélangées au contenu de la tumeur :

> Chlorure de zinc. . . . . 0 gr. 50
> Eau distillée . . . . 5 gr.

Les 23, 24 et 25 décembre. -- Le kyste prit un plus grand développement, mais à partir de ce dernier terme, il diminua rapidement de volume à tel point que le 15 janvier dernier il n'en restait pas trace.

Réflexions. — Comme on le voit ici, la résolution s'est opérée graduellement et sans notable inflammation. C'est donc là une nouvelle méthode de traitement des kystes muqueux beaucoup plus efficace que la méthode des injections iodées. Sans elle, j'aurais été obligé d'employer l'excision partielle du kyste ou peut-être d'en venir à l'ablation de la presque totalité du kyste, opération qui est sans danger, mais, au moins, très douloureuse.

Les desiderata de M. Anger, relativement à l'emploi de ce procédé dans les kystes muqueux des grandes lèvres, du testicule et du corps thyroïde sont donc en voie de trouver leur accomplissement...

Observation VIII

Kyste de l'ovaire. Injection de chlorure de zinc.

Frévet Julie, 44 ans, blanchisseuse. Entrée le 23 avril 1879 (Hôpital Ténon). Service de M. T. Anger. Sortie le 29 août. Cette femme est bien portante, quoique un peu chétive, peut-être que ces manifestations strumeuses iront jusqu'à la puberté. Réglée à quinze ans, mais assez irrégulièrement jusqu'à un mariage à vingt-cinq ans.

A 27 ans, en 1862, grossesse, accouchement laborieux ; s'étant levée trop tôt (au bout de trois jours), elle paraît avoir eu des accidents inflammatoires vers le petit bassin, qui s'aggravaient à chaque époque menstruelle ; elle souffrait surtout du côté droit de l'abdomen.

Ces accidents continuèrent en 1863 et c'est cette année là qu'elle s'aperçut de l'augmentation progressive du volume de son ventre. Pendant trois ans ensuite son ventre continua à grossir, mais très lentement de bas en haut. De temps en temps survenaient, pendant quelques jours, des douleurs aiguës qui disparaissaient ensuite pour plusieurs semaines.

Ponction faite à Beaujon, le 25 décembre 1871. Pendant les années suivantes, l'abdomen continua à grossir ; la malade avait quelquefois de l'œdème des jambes, une dyspnée revenant par accès, quelquefois de l'incontinence d'urine, d'autres moments de la dysurie, presque constamment des troubles gastriques et de la constipation. Pendant ces huit dernières années, elle resta réglée régulièrement et plus abondamment que d'habitude.

En février 1879, elle a eu trois pertes de sang très abondantes, depuis ce temps les règles n'ont pas reparu. Enfin, depuis quinze jours, l'augmentation de volume du ventre aurait fait des progrès très rapides.

Le 29 avril 1879, elle entra à l'hôpital avec une dyspnée intense (40 respirations, pouls 100°). Elle urine fréquemment, se plaint de douleurs d'estomac, de nausées ; douleurs abdominales irradiées aux cuisses et aux lombes.

Abdomen volumineux, assez souple, mat à la percussion partout, excepté à l'épigastre, la matité ne se déplace pas pour les changements de position, de la marche, flot très manifeste partout. La région lombaire est sonore au côté gauche. L'abdomen mesure :

Circonférence passant par l'ombilic. . . . . 96 cent.
De l'appendice xyphoïde à l'ombilic. . . . 19 »
Du pubis à l'ombilic . . . . 24 cent. 1/2

Il s'agit manifestement d'un kyste ovarique. On peut porter le kyste à droite et à gauche sans douleur. Aucun point d'adhérence. La malade peut se coucher sur le côté gauche sans souffrir ; mais lorsqu'elle s'incline sur le côté droit, elle éprouve des tiraillements vers la région splénique. Le kyste ne peut être atteint par le toucher vaginal, mais on constate que le cul-de-sac gauche est moins profond que le droit, que l'utérus est mobile et les mouvements imprimés non douloureux.

La région lombaire gauche offre à la percussion un son intestinal voilé, à droite matité absolue. On soupçonne donc un kyste de l'ovaire droit avec adhérence probable à la région splénique, une seule loge probablement.

Injection le 1er mai de 10 gouttes de la solution suivante :

Eau. 12
Chlorure de zinc 30

Quelques douleurs le lendemain. Le 8 mai, une nouvelle mensuration donne 94 c. 1/2 au lieu de 96, 19 c. au lieu de 19, 24 c. au lieu de 24 1/2.

Le 20. — Injection de 15 gouttes de la même solution.

Le 13 *juin*. — La mensuration donne 95 c. 1/2, 18 c. et 24 1/2.

La malade est prise d'une angine pultacée avec fièvre, dyspnée ; l'angine était le début d'une érysipèle de la face, qui devint ambulant.

Enfin, le 8 juillet, convalescence.

Le 31. — La mensuration indique : 91 c., 24 c., 18 c.

Injection de chlorure de zinc suivie d'une réaction inflammatoire très vive. On retire le 1ᵉʳ août par une ponction capillaire un demi litre de liquide kystique.

Le 5. — La malade est prise de vomissements incoercibles, la face est grippée, terreuse. Elle est somnolente, abattue, pas d'élévation thermique. Il se fait dans l'état de l'abdomen des modifications remarquables : il est flasque et tombe comme une outre à moitié remplie, quand la malade s'incline à droite ou à gauche. Il est légèrement douloureux à la pression. La sonorité qui n'occupait absolument que l'épigastre est revenue dans toute la région ombilicale, les hypochondres et les flancs. On sent par la palpation, le kyste rétracté dans la moitié inférieure de la cavité abdominale. Diarrhée abondante. La circonférence abdominale est de 85 c. La malade va mieux le 8 août. La mensuration donne 83 c., 16 c., 18 c. Le 9 mars; 82 c., 12 c., 18 c. Le 15, la malade se lève : circonférence abdominale, 81 c. Pas d'albumine dans les urines. Elle se lève chaque jour et a repris son embonpoint habituel.

Observation IX

Je vais rapporter une deuxième observation d'injection de chlorure de zinc dans un kyste de l'ovaire.

Il s'agit d'une cliente de M. T. Anger actuellement encore en traitement ; cette femme a un kyste multiloculaire ; on sent parfaitement les loges, il est plus développé à droite qu'à gauche. En effet, il existe à droite une énorme poche dont on peut apprécier assez exactement le contour. C'est par cette cavité qu'on décide de commencer la série des injections de zinc destinées à modifier la vitalité organique des parois. Pour cela, le procédé opératoire fut légèrement modifié, on fit d'abord une ponction pour tirer de cette poche environ 6 à 7 litres d'un liquide séreux, légèrement coloré, ensuite on procéda au lavage à l'eau tiède, de la cavité. Après avoir retiré cette eau, on fit une injection de chlorure de zinc. Après quelques phénomènes inflammatoires purement locaux, la poche fut complètement guérie, le liquide, en effet, ne se renouvela pas. Il y a environ deux mois que l'injection a été faite et actuellement la poche n'a pas encore récidivé. Mais depuis quelque temps les loges du côté gauche ont à leur tour augmenté de volume, il sera bientôt temps de recourir à de nouvelles injections, si l'on persiste dans la résolution de traiter jusqu'au bout ce kyste multiloculaire par la voie des injections de chlorure de zinc.

RÉFLEXIONS. — On voit quelle est l'importance de la question : le chlorure de zinc a pu empêcher la poche de récidiver, et partant la guérir. Faut-il en conclure que l'on doive ponctionner de la même manière les autres poches? Si l'on se reporte à l'observation précédente, on voit que la guérison du kyste ovarique s'est parfaitement effectuée. Dans le cas actuel l'unique poche ponctionnée n'a pas récidivé, or, si le kyste n'avait que cette poche, on serait autorisé à le croire guéri ou du moins on serait en droit de penser que l'on possède un moyen curatif simple et facile. L'expérience seule renseignera d'une façon précise à cet égard, je suis heureux de signaler ce fait. Pourra-t-on faire autant de ponctions qu'il existe de poches, et dans ce cas, fournira-t-on plus d'avantages au malade qu'en recourant aux grands moyens chirurgicaux ?

Cependant j'attire l'attention sur le fait suivant : dans cette dernière observation le manuel opératoire a été légèrement modifié, au lieu d'injecter la solution zincique d'amblée dans le liquide du kyste, on a au préalable vidé et lavé la poche. Quoi qu'il en soit le chlorure de zinc n'a déterminé ni eschare, ni suppuration, comme toujours il a agi pour modifier la vitalité organique des parois, pour imprimer un nouveau genre d'existence aux divers éléments de celles-ci, pour rétablir l'équilibre entre l'exhalation et l'absorption et ramener la séreuse à son état normal. On peut rapprocher ce fait des observations de M. Monod (1), qui démontre que les injections d'alcool (moitié eau, moitié alcool) pouvaient constituer un moyen curatif des collections séreuses.... Richard vidait entièrement le kyste avant l'injection ; tandis que M. Monod ne vide pas la cavité séreuse, mais se contente de soustraire une petite quantité de sérosité pour injecter ensuite une cuillerée à café d'alcool, 5 grammes environ. Il en est de même pour les injections de chlorure de zinc, dans l'observation VII, par exemple, la cavité kystique n'a pas été vidée, dans l'observation précédente, au contraire, la poche a été ponctionnée, lavée à l'eau tiède, vidée de cette eau, puis soumise à l'action du chlorure de zinc.

Observation X

Kyste de la glande vulvo-vaginale.

Observation de la thèse de M. Leroux (Année 1878).

Tel est le résumé de cette observation.

Madame D..., rentière, âgée de 29 ans, s'aperçut un jour d'une petite grosseur qu'elle portait à la lèvre gauche, et qui, dans l'espace de six mois, atteignit le volume d'une grosse noix. Au mois de janvier, cette tumeur fut ponctionnée, il en sortit un liquide opalin, sirupeux. Un mois après la tumeur avait repris la dimension qu'elle avait avant l'opération.

Redoutant une nouvelle ponction, la malade ne voulut pour tout

1. *Bulletin de la Soc. de Chir.*, pag. 200, an. 1870.

traitement que des cataplasmes émollients, bains de siége et repos.
Le 20 avril, une petite ponction fut faite avec la seringue de Pravaz,
et il fut retiré du kyste le tiers de la seringue d'un liquide louche,
filant ; puis, laissant la canule en place, on injecte 6 à 8 gouttes
de la solution suivante : Eau 5 gr. Chlorure de zinc 0,30.

Les deux jours qui suivirent, la malade fut obligée de rester au lit,
il se développa une inflammation assez intense qui fut combattue par
des cataplasmes émollients, le lendemain de l'injection, les règles arri-
vèrent avec une avance de douze jours, l'inflammation resta localisée
au kyste qui était devenu très douloureux au toucher.

Peu à peu le kyste devint moins douloureux, diminua de volume,
et le 16 juin il avait complètement disparu.

MANUEL OPÉRATOIRE

Le manuel opératoire a une grande importance, si l'on
veut éviter les complications qui surviennent d'ordinaire à
la suite des injections des liquides irritants : les premiers
essais d'injections de chlorure de zinc dans les cavités closes furent suivies de complications, il fallut donc remédier
au procédé opératoire. En effet si on se reporte à la
deuxième observation d'hématocèle vaginale, il y eut, à
cause de quelques gouttes de liquides qui vinrent baigner
les lèvres de la plaie, successivement une eschare, une fistule et suppuration. L'hématocèle n'en guérit pas moins,
il est vrai, mais cette complication qu'il était nécessaire
d'éviter à tout prix exigeait la solution du problème suivant :
1° empêcher toute communication possible entre l'air exté-

rieur et la cavité ; 2° empêcher le liquide de l'injection de venir baigner les bords de la plaie.

Dans la méthode des injections interstitielle et intradermiques où il s'agit de déterminer la destruction d'une tumeur en produisant une série d'eschares, il suffisait avec la seringue de Pravaz ordinaire, armée d'une canule d'or ou d'acier et, chargée de chlorure, de piquer très obliquement le derme de façon à injecter le liquide dans sa trame même.

« L'aiguille, d'après le procédé de M. Cras, est enfoncée de 5 à 6 millimètres, de façon à ce que l'orifice du bec de flûte corresponde au milieu du trajet. On refoule une goutte de liquide et on laisse la canule en place ; une petite bosselure se produit, au bout de quelques instants un point grisâtre apparaît au point culminant de cette bosselure ; l'eschare s'élargit, et quelques heures après, sur la peau saine, elle présente une forme caractéristique toujours la même : pyriforme à petite extrémité correspondant au point d'entrée…. »

Dans cette méthode, l'eschare est indispensable, on s'efforce de l'obtenir ; dans notre procédé, au contraire, on l'évite. Pour cela, M. T. Anger imagine d'adapter à une seringue un peu plus grosse que celle de M. Pravaz une canule à bec de flûte dans laquelle entre l'aiguille : la canule est destinée à protéger les bords de la plaie contre les liquides de l'injection, l'aiguille qui est identique à celle de Pravaz sert à injecter les liquides. Voici comment on procède : la seringue étant chargée, on fait pénétrer d'un seul coup la canule seule dans la cavité, le liquide de la tumeur remplit immédiatement la canule et garantit par ce moyen la cavité contre l'air extérieur, puis on introduit dans la canule l'aiguille et on chasse le liquide. Cela étant fait, on retire la seringue et l'aiguille, tandis que la canule étant fixée, empêche la solution de toucher les bords de la plaie, puisqu'elle est en contact immédiat avec eux. enfin, quelques instants après, on retire la canule à son tour.

CHAPITRE VI

1° Les injections de chlorure de zinc peuvent désormais servir comme moyen très avantageux pour le traitement de tumeurs telle que : hygroma, grenouillette, hématocèle, kystes de l'ovaire, hématôme...

2° On peut sans grand danger répéter plusieurs fois les injections zinciques dans une tumeur, pourvu que celles-ci soient faites à six ou huit jours d'intervalle et que le tissu cellulaire ne soit pas touché par le liquide de l'injection.

3° Il faut observer le manuel opératoire de M. T. Anger, se servir de la seringue de Pravaz à laquelle est ajoutée une canule en bec de flûte destinée à mettre la cavité kystique à l'abri de l'air extérieur, et à protéger les bords de la plaie du contact de l'injection, sinon eschare, fistule, abcès....

4° Quand on a injecté d'emblée le chlorure de zinc dans le liquide kystique, la solution doit être :

> Eau. . . . . 10 gr.
> Chlorure de zinc . . . 12 gr.

Quand on a retiré le liquide de la cavité qui doit être lavée, la solution doit être moins concentrée, elle est :

> Eau . . . . 100 gr.
> Chlorure de zinc. . , 15 gr.

5° Il est difficile d'indiquer la quantité de liquide qui doit être injectée, puisqu'elle doit être proportionnelle au volume de la tumeur. En général, dans l'hématocèle il faut environ dix gouttes, dans la grenouillette cinq gouttes, dans les hygromas de volume ordinaire huit à dix gouttes suffisent, enfin dans les kystes de l'ovaire douze à quinze gouttes suffisent également. Il est bien entendu que ces chiffres ne doivent pas être considérés comme absolus.

INDEX BIBLIOGRAPHIQUE

Canquoin. — Traitement du cancer par le chlorure de zinc. Paris, 1838.

Bonnet. — Mémoires divers sur la cautérisation et les caustiques. Arch. de méd., 1838 et 1834, Gaz. méd. 1843, Bull. th. 1847.

Girouard. — Étude sur l'action du caustique de Vienne et du chlorure de zinc. Revue méd. chir. de Paris, 1854.

Maisonneuve. — Bulletin de la Soc. de chirurgie, 1857.

M. T. Anger. — De la cautérisation dans le traitement des maladies chirurgicales, 1869.

Richet. — Des injections interstitielles de chlorure de zinc. Gaz. des Hôp. (juill. 1869).

Ferrand. — Des caustiques au point de vue chimique, Lyon 1855.

Luton. — Injections de substance irritantes. Arch. de méd., 1867, octobre.

Duplouy. — Thèse de Bodet, 1880.

Nusbaum.—Traitement du cancer par le nitrate d'argent. Bul. thér.

Hayem. — (Revue de) T. VII. Année 1876.

Miahle. —Chimie appliquée à la physiologie et à la thérapeutique.

Bryck. — Archives de Virchow, 1860, T. XVIII, p. 377. Mémoire sur l'action des chlorures sur les tissus.

Wurtz. — Dictionnaire de chirurg. art. zinc.

Gosselin. — Clin. chir. de la Charité. T. II, et Archiv. génér. de méd. 4ᵉ série, 1848, T. XVI.

Jaccoud. — Dictionnaire, T. XIX, p. 764.
Méhu. — Chimie médicale.

Bodet. — Du chlorure de zinc et de son usage en injections inters-titielles et intradermiques. Thèse de Paris 1880.

Monod. — Gaz. des hôpit. Année 1878. Injection d'alcool dans la cavité séreuse.

Leroux. — Thèse de Paris. Année 1878.

———

Paris, Imp. PICHON Jeune, 3, place Saint-Michel.

Imprimerie A. Derenne, Mayenne. — Paris, boulevard Saint-Michel, 52.

www.ingramcontent.com/pod-product-compliance
Lightning Source LLC
Chambersburg PA
CBHW051621060726
47597CB00004B/1375